# नन्दकिशोर आचार्य

## पचास कविताएँ

*नयी सदी के लिए चयन*

वाणी प्रकाशन

वाणी प्रकाशन

*'लोगो' वाणी प्रकाशन : मक़बूल फ़िदा हुसेन*

***वाणी प्रकाशन, 4695, 21-ए, दरियागंज, नयी दिल्ली-110002***

***वाणी प्रकाशन, अशोक राजपथ (पटना कॉलेज के सामने), पटना (बिहार)***

**PACHAS KAVITAYEN**

**NAI SADI KE LIYE CHAYAN**

**by Nandkishor Acharya**

**Poetry**

**ISBN : 978-93-5000-893-5**



**प्रथम संस्करण 2011**

**मूल्य : 65/-**

वाणी प्रकाशन

**फोन : 0091#11#23273167, फोन व फैक्स 23275710**

**वेबसाइट : www.vaniprakashan.in**

**ई-मेल : vaniprakashan@gmail.com**

*आर टेक ऑफसेट द्वारा दिल्ली-110095 में मुद्रित*

# क्रम


बाँसुरी : मोरपाँख 5
उपकरण 7
आत्मा के गर्भ में 9
बस एक रेतीला सपाट है 10
सूखा नहीं है वह 11
नये क्रम में 13
झूठ नहीं हो जाता प्यार 14
आती है जैसे मृत्यु 15
वह बात 16
सपने नहीं हैं तो 17
खँडहर पर हरियाली 19
था किसका अधूरापन 20
क्या काल रेगिस्तान है कोई 21
तब भी क्या तालियाँ बजतीं 22
अभिनय क्या आत्महत्या है 24
मुखौटा 25
अक्स में डूब कर ही 26
कुछ भी तो नहीं 27
लामकाँ है भाषा 28
लहरा रही है बस 29
भाषा से प्रार्थना 31
मेरी भाषा है वह 32

33 संगत
34 अकेले में
35 रात का मन
36 कुछ बेरंग होना है
37 तुम्हारा स्वर
38 रुक भी जाना कभी
39 निरुत्तर
40 अकेले में खुद लेकिन
41 फ़ुर्सत में नहीं हूँ अभी
42 जो कभी हुआ ही नहीं
43 मुट्ठी भर धूल के बदले
45 वे लेते हैं प्रतिशोध
46 तुक बिठाने के लिए
47 कितना संगीत
48 तलाश में वहाँ
49 एक पल ही सही
51 मेरी मुक्ति का फल
52 गुम है खुद
53 कितने अलग रंग हैं
54 हवा है वह
55 उसके सुर में
56 वसन्त को फुसफुसाती है
57 नया सच रचने
58 पेड़ के साज पर
59 हर पल
60 असल
61 पांचाली
78 बर्बरीक

## बाँसुरी : मोरपाँख

बुरा तो नहीं मानोगे
यदि मुझे अब
तुम्हारी बाँसुरी बने रहना
स्वीकार नहीं।

यह नहीं कि मैं उपेक्षित हुआ—
बल्कि अधरों पर तुम्हारे
सदा सज्जित रहा;
किन्तु मेरा कब रहा संगीत वह
जो मेरे ही रन्ध्र-रन्ध्र से बहा?

मुझसे तो अच्छी रही
वह मोरपाँख
जो तुम्हारे मुकुट पर चढ़ी
—और न भी चढ़ती
पर जिसका सौन्दर्य
उसका अपना था

यह अन्तर क्या कम है
कि तुम्हारा संगीत

मेरी विवशता है
और मोरपाँख का सौन्दर्य
तुम्हारी?
बुरा न मानना
कि अब मैं
तुम्हारी बाँसुरी नहीं रहा।

**(1967 ई.)**

## उपकरण

पत्थर क्या नींद से भी
ज्यादा पारदर्शी होता है
कि और भी साफ दिख जाता है
उसमें भी अपना सपना
तुम जिसे उकेरने लगते हो—
शिल्पी जो ठहरे!

पर क्या होता है उन टुकड़ों का
जिन्हें तुम अपने उकेरने में
पत्थर से उतार देते हो?
और उस मूरत का जो—जैसी भी हो—
तुम्हारी ही पहचान होती है
पत्थर की नहीं?

उनमें क्या सिसकता नहीं रहता होगा
पत्थर का कोई
क्षत-विक्षत सपना अपना

हाँ, पत्थर तो उपकरण ठहरा
उसका अपना क्या
सपना क्या?
तो क्या वे
जिनका अपना नहीं होता कुछ
उपकरण हो जाते हैं
मूरत करने को किसी और का सपना?

**(1976 ई.)**

# आत्मा के गर्भ में

चारों खूँट फैला
तप रहा मरुथल
आँवें की तरह भीतर ही भीतर
क्या पकाता है?

बोलो, तुम्हीं कुछ बोलो
प्रजापति!
मेरी आत्मा के गर्भ में
क्या धर दिया पकने
मेरी ही पसार के चाक पर घड़ कर?

ये आँवाँ कभी तो खोलो,
प्रजापति!
मुझमें कभी तो हो लो!

(1982 ई.)

## बस एक रेतीला सपाट है

न ऊँचाइयाँ हैं, न गहराइयाँ
बस एक रेतीला सपाट है
दूर तक पसरा हुआ, निश्छाय,
तपता...

जपता नाम कोई
कहाँ तक उड़ता अबाध मरुथल में
प्यासा कलपता पाखी
ढूँढ़ता छाया अपनी ही परछाईं में
आ गिरता जलती रेत पर बेबस
तड़पता, झुलस जाता है–
सपना पल रहा था जो
आँखों से निकल कर
ढुलकने भी नहीं पाता
सूख जाता है!

निस्संग, पसरा हुआ
निश्छाय, रेतीला सपाट
तपता रहता है...

(1982 ई.)

## सूखा नहीं है वह

वे समझते हैं
तुम्हारा कोई अतीत नहीं है
—ऐसे ही सूखे रहे हो तुम सदा—
क्योंकि जिनका कोई भी अतीत रहा होता है
वे सदा बिसूरते रहते हैं

हाँ, एक दुःख वह भी होता है
जो पत्थर कर देता है
लेकिन अन्दर उबलता रहता है चश्मा
और एक दिन फोड़ कर उसे
निकल आता है

लेकिन तुम तो रेत हो
यानी जो भीतर ही भीतर हो सकता
वह भी गया होगा सूख

नहीं, सूखा नहीं है वह
नहीं तो यों सँजोये नहीं रहते

अपनी जर्जर छाती में वे सारे जीवाश्म
जो कभी दुनिया थे तुम्हारी

जब तक अपनी दुनिया की यादें
                    दबी हैं मन में
—जीवाश्म-सी ही सही—
तब तक दुःख है, इसलिए सपने भी
वह जितना गहरा है
चश्मा उसी शिद्दत से
कभी फूटेगा।

(1982 ई.)

## नये क्रम में

बर्फ़ बाहर गिर रही है

यह अलाव भी बुझ चला-सा है
एक अधजली लकड़ी से मैं
झाड़ता हूँ राख
बुझ रही लकड़ियों को
नये क्रम में
पुनः चुनता हूँ

फूँक से जगाता हूँ आग
सोयी हुई
एक धीमा ताप
सब पर व्याप
जाता है—
मीठा और उदास

बर्फ़ बाहर गिर रही होगी।

(1984 ई.)

# झूठ नहीं हो जाता प्यार

हमेशा नहीं चाहे
पर कई बार
जब तुम्हें प्यार कर रहा होता हूँ
तो कौंध जाता है अचानक
                    वह चेहरा
जिसे तब नहीं जान पाया
कि मैं प्यार करने लगा हूँ

और तब भी
झूठ नहीं हो जाता प्यार
जो मुझे तुमसे है
—बल्कि तुम और सुन्दर
और प्यारी हो जाती हो।

(1985 ई.)

## आती है जैसे मृत्यु

आयीं तुम
आती है जैसे मृत्यु
नष्ट करती हुई
जो कुछ नश्वर है मेरे भीतर

बनाती हुई स्मृति मुझे
अपने आने की—
अक्षर।

(1987 ई.)

## वह बात

वह बात
पसन्द नहीं थी जो मुझे
चेहरे में तुम्हारे
जब भी तुम हँसतीं
या गुमसुम होतीं
—लेकिन जो मैंने
कभी बतलायी नहीं तुमको—
वही बात
अब सबसे अधिक सालती है
जब मैं सोचता हूँ
बिना मेरे तुम
गुमसुम नहीं भी हो गर
तो कैसे हँस रही होंगी

कुछ तो ज़रूर ही
नापसन्द होगा तुमको भी
चेहरे में मेरे?

(1991 ई.)

# सपने नहीं हैं तो

नहीं देखे
किसी और के सपने मेरे सिवा
फिर भी वह नहीं था मैं
जिसके सपने देखती थीं तुम
—क्योंकि मेरे भी तो थे सपने कुछ
नहीं थे जो सपनों में तुम्हारे
जैसे तुम थीं सपनों मेरे
पर नहीं थे सपने तुम्हारे

एक-एक कर निकालती गयीं
वे सपने मेरी नींद में से तुम
और बनाती गयीं जागते में मुझको
अपने सपने-सा

और अब हुआ यह है :
मैं हर वक़्त जगा-सा हूँ
फिर भी झल्लाती हो तुम
तुम्हारा सपना तक

क्यों नहीं देखता मैं
—भूलती हुई
सपने नहीं आते हैं
                नींद के बिना
झल्लाता हूँ मैं भी
जानता हुआ
मैंने भी किया है वही
तुम्हारे भी सपनों के साथ

पर सुनो!
सपने नहीं हैं तो
झल्लाहट क्यों है?

(1991 ई.)

## खँडहर पर हरियाली

यों ही आ गयी थीं तुम
खँडहर पर हरियाली
आ जाये
बरसात में जैसे—
इसलिए लौट ही जाना था
तुमको
और खँडहर करती हुई
मुझे।

(1991 ई.)

# था किसका अधूरापन

'शुरू में शब्द था केवल'
—शब्द
जो मौन को आकार देता है
इसलिए मौन को पूर्ण
          करता हुआ

उसी से बनी है
     यह सृष्टि

पर सृष्टि में पूरा हुआ जो
था किसका अधूरापन?

(2000 ई.)

## क्या काल रेगिस्तान है कोई

तीखी सड़ाँध है
बिलबिला कर मरी भेड़ों की
हवा जिसमें घुट रही है
किन्तु रेगिस्तान है निर्लिप्त
सोया हुआ

अभी जागेगा
अपने में समो लेगा उन्हें
फिर सो जायेगा, निर्लिप्त

क्या काल रेगिस्तान है कोई
और हवा?

(2000 ई.)

## तब भी क्या तालियाँ बजतीं

अभिभूत थे सब ही
अभिनय पर मेरे :
तालियों की गड़गड़ाहट थी
                    अनवरत
नाटक ख़त्म होने पर
और मैं
शर्म से गड़ा जा रहा था

नहीं, किसी संकोच में नहीं
किन्तु सोचता हुआ—
क्या ये तालियाँ कुछ जान पायी हैं
वह घृणा, वह लोलुपता
और करुणा के नीचे
खौलती वह महत्त्वाकांक्षा!
वह फरेब जो मैं हूँ—
अपने अभिनय में पहचानता
                    ख़ुद को!
उनके लिए जो अभिनय है मेरा

## सच है मेरे लिए

काश! उनके लिए वह उनका सच होता
देख पाते अभिनय में मेरे
ख़ुद को अभिनय करते हुए

तब भी क्या तालियाँ बजतीं अनवरत
या सब के ही सर
शर्म से गड़ रहे होते?

(2003 ई.)

## अभिनय क्या आत्महत्या है

विस्मित देखते हैं लोग
मुझको अन्य होते हुए—
और रेशा-रेशा मर रहा हूँ मैं
अनुपल जन्म लेता हुआ :
यही तो होता है हर बार

अभिनय क्या आत्महत्या है
नये जन्म के लिए
जिसमें अपने को ख़ुद
          जनता हूँ मैं—
जन कर मार देता हूँ!

(2003 ई.)

## मुखौटा

उतारकर रख देता हूँ जिसे
एक ओर
स्वाँग के बाद
मुखौटा है
या असली वही चेहरा है—
कुछ देर की ख़ातिर
जिसमें
महसूस करता हूँ
अपना होना

और चेहरा
जिसे तुम मेरा कहते हो
मुखौटा है दरअस्ल
ओढ़े रहता हूँ हर वक़्त
अपने होने को
स्वाँग करता हुआ।

(2003 ई.)

# अक्स में डूब कर ही*

कोई कैसे समझेगा
              लि पो
वह जो कवि नहीं है—
अक्स में डूब कर ही
मिलती है कविता—
उसमें नहीं
जिसका अक्स है वह

कवि है इसीलिए ईश्वर

न पूछो, किसके अक्स में
                    डूबा!

(2008 ई.)

---

* प्रसिद्ध चीनी कवि लि पो की मृत्यु पानी में चन्द्रमा के अक्स पर मुग्ध हो कर उसे पकड़ने के प्रयास में डूब जाने से हुई थी।

# कुछ भी तो नहीं

कुछ भी तो नहीं ठीक-से हुआ
न बचपना, न समझदारी
न दोस्ती, न दुश्मनी
न प्रेम, न परिवार
न तन्दुरुस्ती, न बीमारी
न हँसना, न रोना
न नींद, न जागना
न रेंगना, न तन कर खड़े रह पाना
—कविता भी नहीं

न कामदी हुआ, न त्रासदी
ठीक-से जीवन
इसलिए डरता हूँ
ठीक से मरूँगा तो न?

(2008 ई.)

## लामकाँ है भाषा

कवि का कोई घर नहीं होता
तलाश ही होती है केवल
वह रहता दिखता तो है
भाषा में वैसे
पर परिन्दा आकाश में
जैसे

लामकाँ है भाषा
जिसमें नहीं बन सकता
मकाँ कवि का
—किसी का भी—
उड़ते ही रहना है उसे
ठहरा कि लो यह गिरा

कवि इसीलिए घर नहीं
घर के बिम्ब रचता है
जिनमें बसी रहती है
बस उसकी बास।

(2008 ई.)

## लहरा रही है बस

वह पत्ती
चित्र में लहरा रही है जो–
कौन बतलाये–
गिर रही है धरती की ओर
लहराती हुई
या उठ रही है

क्या चाहा था चित्रकार ने
पूछते गर सामने होता
पर वह नहीं है
जैसे नहीं है पेड़
न वह धरती
जिनके बीच लहराती है
वह पत्ती

पेड़ के या धरती के होने के
कुछ मानी नहीं अभी
पूरी है पत्ती लहराते हुए

तनिक भी बिना यह सोचे
कहाँ से आ रही है
वह
कहाँ को जा रही है

वह है
पत्ती है
और लहरा रही है
बस।

(2008 ई.)

## भाषा से प्रार्थना

एक शब्द है—'है'
बेकल है
भाषा खुद जिसके लिए

वह कैसे जानेगा
क्या होता है
भाषा में 'था' होना!

'वह'—एक शब्द है
एक शब्द है—'तुम'
भाषा से मेरी
बस यही प्रार्थना है
'तुम' को 'वह' न कहना पड़े

इसलिए खोजने दो
            अपने में
अपने मैं को मुझे—
शब्द है
वह भी।

(2008 ई.)

# मेरी भाषा है वह

हर रात वह आवाज़
साथ ले चलती है मुझको
               बतियाती हुई
ख़ामोशी की दहलीज तक अपनी
वहीं से पर लौटा देती
दरवाज़ा खुला रखा है मगर
अन्दर नहीं लेती

कवि क्या बातों के क़ाबिल है केवल
—ख़ामोशी के नहीं?
कैसे वह जानेगी?

बसाये हूँ उसको अपने में
                    जैसे मैं
मुझे अपने अन्दर
ले कर देखे तो सही
मेरी भाषा है वह—
जानती भी है अच्छे से—
अब मैं जाऊँगा कहाँ
जब मेरी नियति है
               वही?

(2008 ई.)

## संगत

चाँद
आकाश गाता है
सुरों में चाँदनी के
तारे टिमटिमाहट से अपनी
करते हैं संगत–
कभी वीणा पर, इकतारे पर
सारंगी पर कभी

मैं भी गाना चाहता हूँ
रात का यह राग–
संगत मिलेगी मुझको?
चलो, तुम गाओ
मैं करता हूँ संगत–
कहो तो दोनों मिल कर
साथ-साथ गायें
सृष्टि सारी संगत हो जाय।

(2008 ई.)

## अकेले में

क्यों मुस्करा रहा है
                    वह
बैठा अकेले में?

क्यों भाई
तो क्या रोये
बैठकर अकेले—
उसके लिए
तुम्हारा साथ क्या कम है?

अकेले में तो कम-से-कम
थोड़ा-सा मुस्काने दो उसे।

(2008 ई.)

# रात का मन

किसे बुलाती है रात?

सूरज को–  
जो रात नहीं रहने देता  
उस को?  
चाँद को–  
उरियाँ जो कर देता है उसे?  
या उस अँधेरे को–  
जिसमें वह पूर्ण होती है  
पाती खुद को!

रात के सिवा  
अँधेरे के सब दुश्मन हैं–  
तो क्या?  
रात का भी आख़िर कोई मन है!

(2008 ई.)

## कुछ बेरंग होना है

वह जो हरे के बीच
खिला है लाल
लाल से कुछ अलग है
जैसे हरे से अलग है हरा
जिसमें खिला है लाल

यह नहीं कि कुछ कम मनोहर है
हरा
या कि लाल कुछ कम कमाल है
पर हो साथ कोई तो
रंगत कुछ और होती है :
यह कैसे समझाऊँ तुमको
अपने ही रंग में सब वक्त
किये हो बन्द जो खुद को

केवल अपने रंग में रहना
कुछ बेरंग होना है :
यह उस हरे से पूछो
जिसका खो गया है लाल
या लाल से जानो
जिसका हरा गया है हरा।

(2008 ई.)

# तुम्हारा स्वर

मोरनी की पुकार
ज्यों पिरो लेती है
मरुथल की सूनी रात
अपने में
बिंध जाता है
अँधियारा घोर सघन
तुम्हारा स्वर सुनता हूँ
जब
—चाहे केवल सपने में।

(2008 ई.)

# रुक भी जाना कभी*

आना
जैसे आती है साँस
जाना
जैसे वह जाती है

पर रुक भी जाना
कभी
कभी जैसे वह
रुक जाती है।

(2008 ई.)

---

* 'रात भर दीदा-ए-नमनाक में लहराते रहे
साँस की तरह से आप आते रहे जाते रहे।'—मख्दूम

# निरुत्तर

'प्यार जो करता हूँ मैं उसे'
—मैंने कहा

'अपनी हैसियत तो देखते पहले'
—झुँझलाया विधाता
माँग पर मेरी

'प्यार ही बनाता है हैसियत'
—अड़ गया मैं भी

मुस्कुरा दी वह
उद्धत दर्प पर मेरे

निरुत्तर है विधाता
चकित भी
मुस्कान पर उसकी।

(2008 ई.)

# अकेले में खुद लेकिन

एक रूप है उसका
ईश्वर ने लिखा है जो
एक रूप है वह
जो लिखा है मैंने

खुद को देख रही थी
जब वह
कभी दर्पण में
मेरी कविता में कभी
हाथ चूमा कृतज्ञता से मेरा
ईश्वर ने खुद
और चुपके-से चल दिया

सब को लेकिन वह
ईश्वर का ही लिखा
दिखाती है
अकेले में खुद लेकिन
देखती है
जो मैंने लिखा।

(2008 ई.)

# फ़ुर्सत में नहीं हूँ अभी

इन्तज़ार नहीं करता है
किसी का समय
—जैसी उसकी मर्ज़ी—
मुझको भी कब फ़ुर्सत है
जब भी वह चाहे
साथ उसके
होना ही होगा मुझे
जल्दी में हो तो चला जाए
अकेला ही वह
जहाँ भी जाना है उसको

फ़ुर्सत में नहीं हूँ मैं अभी
तुम्हारी याद हूँ जब तक
कभी फिर आये वह—
समय होगा तो मिल लूँगा
समय से भी

माफ़ी चाहता हूँ अभी।

(2008 ई.)

# जो कभी हुआ ही नहीं

किसे मार पाएगी
              वह
जो मैंने जी लिया
          उसको
या उसे
नहीं जी पाया जिसे मैं

जीना जीते जाना है
              मेरा
और मरना—
उसका मरना—
जो कभी हुआ ही नहीं।

(2008 ई.)

# मुट्ठी भर धूल के बदले

बच्चा मुस्कुरा रहा है
छिपाये हुए मुट्ठी में
अद्‌भुत
पिता को जिसे देना चाहता है
वह
पिता भी मुस्कराता हुआ
हथेली फैला देता है
बच्चा डाल देता है
फैली हथेली में
नन्हीं मुट्ठी-भर मिट्टी

'गन्दे कहीं के मिट्टी से नहीं खेलते हैं
अच्छे बच्चे'
भरसक अकठोर स्वर में
पिता कहता है
बच्चा पर जान लेता है
उसमें छुपी डाँट
हो जाता है लज्जित, कुछ सहमा-सा
खो गयी है मुस्कान

इसी मुट्ठी भर माटी के बदले
समूची पृथ्वी पा ली थी
अशोक ने तथागत से।

(2008 ई.)

## वे लेते हैं प्रतिशोध

शब्द मेरे मुखौटे हैं
जिनमें अपने को छुपाता हूँ मैं
—अपनी लिप्सा, महत्त्वाकांक्षा
मक्कारी, फ़रेब और घृणा
भय अपना—
कितनी मदद की है शब्दों ने
मेरी
उनका धन्यवाद करता
जब अपनी ओर मुड़ता हूँ
पाता हूँ बस खोखल
जिसको छुपाता
ख़ुद मुखौटा बन गया
हूँ मैं

बेचारे नहीं हैं शब्द
वे लेते हैं प्रतिशोध
शब्दों को जैसा बरतते हो तुम
वे तुम को वैसा बरत लेते हैं।

(2008 ई.)

# तुक बिठाने के लिए

ऊपर उतराता है जितना
अन्दर उतना ही डूबा है
हँसता दिखता है जितना
उतना--यही तुक होगी--ऊबा है

उतराने-डूबने
हँसने-ऊबने की तुक मिलाने में
बेतुका खुद हो जा रहा है वह
जैसे तुक तेली की कोल्हू--
पर उसमें भी एक तुक तो है
बीच में बैल कोई
बुला ले गर वह
या उसकी भूमिका
खुद ही निभा ले वह

मगर
तेल कब कैसे निकलेगा
तिलों में ही नहीं है जो
--तो लो, तुक बिठाने के लिए
खुद ही तिल बन कर
पिल गया है वो।

(2008 ई.)

## कितना संगीत

सूख कर पत्ते का
झर जाना
सूखे झरे पत्तों पर
सँजाये है कितना संगीत :
जगाता हुआ
जंगल के सन्नाटे के तार
कोमल छुअन से अपनी।

(2008 ई.)

# तलाश में वहाँ

जाते हैं तलाश में
                वहाँ
जड़ों की जो अक्सर
खुद जड़ हो जाते हैं

इतिहास मक़बरा है
पूजा जा सकता है जिसको
जिसमें पर जिया नहीं जाता

जीवन इतिहास बनाता हो
—चाहे जितना—
साँसें भविष्य की ही लेता है
                वह

रचना
भविष्य का ही
इतिहास बनाना है।

(2008 ई.)

# एक पल ही सही

कभी निकाल बाहर करूँगा
मैं
समय को
हमारे बीच से
अरे, कभी तो जीने दो थोड़ा
हम को भी अपने में
ठेलता ही रहता है
जब देखो जाने कहाँ

फिर चाहे शिकायत कर दे
वह
उस ईश्वर को
देखता जो आँखों से उसकी
उसी के कानों से सुनता
दे दे वह भी सज़ा जो चाहे

एक पल ही सही
जी तो लेंगे हम

थोड़ा एक-दूसरे में
समय के–
और उस पर निर्भर
            ईश्वर के–
बिना

देखता हूँ पर हमारे बिना
कैसे जिएँगे वे ख़ुद?

(2008 ई.)

# मेरी मुक्ति का फल

स्वर्ग का क्या करूँ
आख़िर
लौटाना चाहते हो मुझे
जिसमें तुम
बसाने के लिए
फिर उसे—
छोड़ना होगा यदि वह
फल
स्वर्ग जिसके कारण है
वह

होगी तुम्हारा शाप
मेरी मुक्ति का फल है
मेरी धरती :
हाँ, वही फल—
तुम्हारे स्वर्ग को जो
बनाता है स्वर्ग।

(2008 ई.)

## गुम है ख़ुद

ऐसी भी होती होगी
ख़ोज
न कोई ख़ोजी है जिसमें
न कोई लक्ष्य
तलाश ख़ुद की तलाश में
अनवरत है गुम

और मैं
—जिसे ख़ोजी कहते हैं सब—
गुम हूँ उस ख़ोज में
जो कहीं खो कर
मुझे
गुम है ख़ुद।

(2008 ई.)

# कितने अलग रंग हैं

प्यार सुनना
चाहती हो तुम
कहना नहीं

प्यार सहना
चाहती हो तुम
बहना नहीं

प्यार होना
चाहती हो तुम
खिलना नहीं

कितने अलग रंग हैं
प्यार होने के
तुम्हारे?

# हवा है वह

लहर नहीं है
        जल
रूप
उसका जो दिखता है
हवा है वह
जल से अपनी बेचैनी
            कहती हुई

गूँजती है
जल के सुर में जो
उसकी
साँय-साँय है वह।

(2009 ई.)

# उसके सुर में

ख़ुशबू फूल का
          सुर है
या मूरत है फूल
ख़ुशबू की

रात घुला लेती है ख़ुद में
                    मूरत को
ख़ुद उसके सुर में
गूँजती रहती।

(2008 ई.)

# वसन्त को फुसफुसाती है

झरे नहीं हैं
बस झरने-झरने को हैं
                    पत्ते—
पेड़ के कानों में
            धरती
वसन्त को फुसफुसाती है

गिराती नहीं है पत्ते
शिशिर की हवा—
संगत करते हैं वे
प्रतीक्षा को वसन्त की
जब वह गाती है।

(2008 ई.)

# नया सच रचने

पत्तों का झर जाना
शिशिर नहीं
जड़ों में
यह सपनों की
कसमसाहट है–
अपने लिए
नया सच रचने की
            ख़ातिर–
झूठ हो जाता है जो
ख़ुद झर जाता है।

(2009 ई.)

## पेड़ के साज पर

गा रही है हवा
पेड़ के साज पर
        आकाश
मौन है झरता हुआ पत्ता
                लहराता
दो सुरों के बीच की
        ख़ामोशी को
दृश्य करता हुआ।

(2009 ई.)

## हर पल

हर पल
जीने को मरता रहता हूँ
हर पल
मरने को
जीता रहता मैं

हर पल
खुद को ही
खाता रहता हूँ
हर पल
ईश्वर होता जाता हूँ
मैं।

(2009 ई.)

## असल

कहाँ है असल
जिसकी नकल. समझता
बदहवास है समय
सत्यापित कराने मुझे

समय खुद किसकी नक़ल है–
असल है वह अगर
मैं नक़ल कैसे हूँ

समय से कहो
मुझसे पहले
खुद का सत्यापन करा ले
वह
अपनी असल लाये
दस्तख़त मुझसे करवा ले जाय
–अगर मैं ही नहीं हूँ
असल उसकी।

(2009 ई.)

## पांचाली

चले गये
सब चले गये हैं
छोड़ अकेला मुझको
गलने इस हिम में
पूरा जीवन साथ निभाया जिनका
उनमें कोई सहधर्मा नहीं हुआ मेरा।
मेरी यही नियति है स्यात्–
मैं, जो एक धधकते अग्निकुंड से
उठी लपट-सी हहराती,
इस अनन्त हिमसागर में
गल-गल कर लय हो जाऊँ।
गलना भी तो जलना है
और हिम एक आग
गल-गल कर बहती हुई–
एक आग जो धधक-धधक कर
सब कुछ जला डालती है
और एक जो गल-गल बहती है
सींचती हुई सबको–

यही तो है सचमुच होना :
स्वयं को गला कर भी सींचना जग को।

लेकिन जाते-जाते यह आरोप धर्म का—
मन-ही-मन केवल अर्जुन से
प्रेम रहा मुझको।
हाँ, स्वीकार है—
आरोप हो तब भी—
किन्तु यह आरोप क्यों हो
और यदि आरोप है तो भी
इसका दायित्व किसका है?
क्या तुम्हारा ही नहीं?
मेरा वर अर्जुन था केवल
सव्यसाची वह जिसने मत्स्यवेध के साथ
मेरे हृदय को भी बींध डाला था।
धर्मराज, लेकिन तुम!
तुम्हारे मन में क्यों कामना
लपट-सी उठी—
तुम सब भाइयों के—
मेरे जीवन को जला डालती हुई?
नहीं, माँ के शब्द नहीं थे केवल
वासना थी वह
तुम्हारी और तुम्हारे भाइयों की
जिससे काँप गयी असहाय विधवा माँ—
तुम लोग परस्पर लड़ न बैठो कहीं
जैसे लड़ मरे थे
सुन्द और उपसुन्द।
किन्तु मैंने भी क्यों स्वीकार कर लिया

पाँचों की वधू होने का प्रस्ताव
मैं क्यों कुछ बोली नहीं?
मेरे मन में भी क्या दबी थी लालसा—
मैं भी तो पाँचों को भोगूँगी
—धर्म, बल, पराक्रम, सौन्दर्य, बुद्धि को!
हाँ, जानती हूँ पूर्वजन्मों की कथाएँ
कौन होगी जिसकी
नहीं कामना की होगी एकाधिक पुरुषों ने
क्या वे अगले जन्मों में
उन सब से एक साथ ब्याही जायेंगी?

किन्तु सबको भोगने की लालसा
भ्रम थी मेरा
पैठ गया था मेरे अन्तर्मन में
—आत्मा में—अर्जुन का पराक्रम।
सच कहूँ किसी को नहीं भोग पायी
मैं उसके सिवा
किसी की सेज हो
केवल अर्जुन होता था मेरे साथ।
कर्त्तव्य था मेरा—पाँचों को तुष्ट करना—
वह किया भी मैंने।
किन्तु मैं उस प्रेम का क्या करूँ
जो कर्त्तव्य का कारण बना मेरे?
धर्म! जिस अर्जुन को मैंने वरा—
और जिसके कारण तुम सबको—
उसके लिए मन के प्रेम को
कैसे मानूँ मैं पाप?

लेकिन तुम?
तुम्हारा सब ज्ञान, संयम, सत्यनिष्ठा, धर्म
कहाँ चले जाते थे
जब तुम चींथते थे देह मेरी
जानते हुए कि मेरी आत्मा
केवल अर्जुन की है?
तुम्हारे अन्तःकरण ने कभी
धिक्कारा नहीं तुमको?

हाँ, मैं जानती थी तुम्हारी इच्छा :
तुम ज्येष्ठ हो, इसलिए मैं प्रेम तुमसे करूँ
—केवल देह सबको दूँ।
ज्येष्ठ होने के नाते वास्तविक पति
अपने को ही मानते थे तुम।
किन्तु पति का भी कुछ दायित्व होता है—
यह कभी नहीं जाना तुमने।
तब भी नहीं जब कुरुसभा में
एकवस्त्रा मैं घसीटी गयी
नग्न करने को था दुःशासन
जाँघ उघाड़े कुत्सित आमन्त्रण देता दुर्योधन
तब भी तुम नतशिर बैठे रहे—
दाँव पर लगाने का हो जिसे अधिकार
शील की रक्षा का दायित्व उसका नहीं?

तुम्हारा दोष नहीं केवल
इसी तरह नारी-पूजा
करता आया कुरुवंश—
कभी किसी नवयुवती को कामान्ध वृद्ध से बाँध,

कभी कन्याओं का अपहरण,
कभी किसी का प्रेम नष्ट कर,
कभी किसी को सौंप अशक्त पुरुष की शय्या
कभी किसी का क्रय सदैव अन्धा रहने के लिए।
धन्य, धन्य नारीपूजक कुरुवंश
इसीलिए तो दुर्योधन, दुःशासन जैसे देव
सदा रमते रहते हैं यहाँ
और प्रकट होते रहते हैं
स्वयं धर्म ही
उस नारी की देह चींथ कर पूजा करने
जो, वह अच्छी तरह जानते हैं,
उनसे किंचित भी प्रेम नहीं करती।

हाँ, मुझको तो था अर्जुन से प्रेम
किन्तु अर्जुन को मुझसे नहीं—
प्रिया नहीं भोग्या ही माना उसने
मुझको सदा
अन्यथा किसी अन्य को
कैसे भला सौंप सकता था मुझे
भले वह भाई ही हो?

पार्थ!
क्या कभी स्वत्व का भाव
जगा ही नहीं तुम्हारे मन में
मुझको ले कर?
निस्संग बाँटते रहे मुझे
अपने सब भ्राताओं में—
और रमण करती उनसे

मन में करती स्मरण तुम्हारा केवल।
धनंजय ध्यान मेरा क्या आया होगा तुम्हें
कभी भी
साथ सुभद्रा के जब तुम होते थे?
नहीं यह मेरा भ्रम है केवल—
प्रेम किया होता मुझसे यदि
कैसे बैठे रह सकते यों जड़वत्
द्यूतसभा में?
फट पड़ते जैसे फूट पड़ा था भीम।

हाँ, भीम! तुमने ही लिया
अपमान का प्रतिशोध मेरे सदा।
दुर्योधन का जंघा-मर्दन, दुःशासन का रक्तपान
—सबने जिसको धिक्कार कहा—
लेकिन मेरे ही लिए किया तुमने सब
—कि मेरे अंतस् में जो दहकती थी आग
वह बुझ जाय।
एक-एक धृतराष्ट्र-पुत्र को खोज-खोज कर
आहुति देते रहे
मेरे प्रतिशोध-यज्ञ में तुम
और विराट के यहाँ
बना दी लोथ महापापी कीचक की।
तुम्हें स्मरण है वह घटना
जब विराट ने धर्मराज के मुँह पर
पासा दे मारा था
रक्त नासिका का मैंने तब
गिरने नहीं दिया धरती पर—
शपथ ले रखी थी अर्जुन ने :

सिवा युद्ध के धर्मराज का रक्त
गिरायेगा जो पृथ्वी पर
उसका वध कर देगा वह।
क्या भ्रातृभक्ति है!
सहन नहीं था जिस अर्जुन को
भ्रातृ-रक्त की एक बूँद भी गिरना
वह अर्जुन मुझ पर प्रहार के समय
बना वृहन्नला बैठा रहा।

मुझे स्मरण है—
वह प्रकृत आवेग तुम्हारा, वह निष्कलुष कामना
प्राणों की चिन्ता खो कर भी पूरी करना
मेरी हर छोटी-सी इच्छा—
अर्जुन के वियोग में तड़प रही थी मैं
और तुमसे मैंने पुष्पों की इच्छा की
—गन्धमादन पर्वत के पुष्पों की इच्छा—
तुम ले कर आये उन्हें
सजाते रहे मुझे—
मैं तुमसे सजती हुई
रही व्याकुल अर्जुन के लिए।

हाँ, मैं कृतज्ञ हूँ, भीम!
तुम्हीं से जाना है मैंने
प्रेमी के लिए प्रिया क्या होती है
किन्तु मैं क्षमाप्रार्थी हूँ :
कृतज्ञता, सम्मान, त्याग, विश्वास
सब मनुष्य के श्लाघनीय गुण हैं—
किन्तु प्रेम वह :

किसी एक के लिए वह तड़प, वह आकुलता,
किसी एक के लिए स्वयं का हो जाना
केवल पुकार
सब कुछ विस्मृत
बस उमंग हो जाता है अस्तित्व!

यह नहीं कि कोई द्वन्द्व
नहीं उठता था मन में कभी
क्रन्दन करती थी मन-ही-मन
तुम्हारे साथ हो कर भी
अर्जुन के ध्यान में हूँ—
उन्मुक्त हो कर नहीं दे पायी
तुम्हारे प्रेम का प्रतिदान—
बँधी-सी रही,
किन्तु विवश, खिंचती ही जाती थी
अर्जुन की ओर।
प्रेम : वह क्या अपने वश में होता है
भीम!
तुम प्रेमी हो, समझ सकते हो,
धर्म क्या समझे यह सब
उसने प्रेम किया ही कब?

और वह कर्ण!
सूर्यपुत्र हो कर भी मन में भरा था
कल्मष!
वेश्या तक कहा मुझको
सच है, मैंने नहीं किया स्वीकार तुमको
किन्तु निर्णय उचित था मेरा
यह कुरुसभा में स्वयं तुमने

प्रमाणित कर दिया।
मुझे लेकर कहीं कोमल भाव कोई
जगा होता कभी मन में तुम्हारे
तो रोक सकते थे दुःशासन को—
भीष्म और द्रोण से भी अधिक—
तुम पर निर्भर थे कौरव, हाँ राधेय!
नहीं, राधेय होते तुम
तो निश्चय ही समझ पाते
किसी हारी नारी की व्यथा—
कुरुवंशी ही तो थे
—कानीन थे तो क्या—
जिनके लिए
मैं बस एक भोग्या थी—केवल वस्तु
और मैं ही क्यों—नारी मात्र।
अन्यथा भीष्म के होते
हो सकता था क्या भला
कुरुवंश की कुलवधू का अपमान?

हाँ, पितामह
इसीलिए मैं नहीं रोक पायी थी
अपनी हँसी
जब शरशय्या पर लेटे-लेटे
राजधर्म का करते थे उपदेश आप।
मानती हूँ मैं—
हँसी मेरी नहीं थी
कुलवधुओं के अनुरूप
किन्तु आपके मुख से
वह उपदेश धर्म का?

दूषित अन्न ने मति भ्रष्ट कर दी थी—
आपने कहा।
नहीं, पितामह
अन्न तो वही खाता था विकर्ण भी।
आप क्यों नहीं समझे, पितामह
—स्वयं को कृष्ण का जो भक्त कहते थे—
कि धर्म वहीं है, जहाँ कृष्ण है?
अन्यायी राजा को तज देने का जो
उपदेश करते रहे
वे भी रहे उसी के साथ।
कृष्ण से आपने क्यों नहीं यह सीखा—
धर्म पीड़ित के साथ खड़े होने में है
शास्त्रों के उलझे वितण्डा में नहीं।
आपके लिए भी
नारी भोग्या ही रही—
न सही स्वयं के लिए—
पिता के लिए, भ्राताओं, पुत्रों और पौत्रों के लिए।
वह तो उपकरण है बस
—भोग का, वंशवृद्धि का—
उसका अपना क्या, सपना क्या!

हाँ, उपकरण थी मैं—
कुरुवंश ही क्यों
स्वयं मेरे पिता ने उपकरण ही माना मुझे—
अपने प्रतिशोध का उपकरण!
द्रोण का प्रतिशोध—
द्रोण के प्रतिशोध का प्रतिशोध—
एक प्रतिशोध-शृंखला बन गयी जैसे

जीवन-कथा मेरी।
मेरे तो जन्म का उद्देश्य ही प्रतिशोध था—
किसी के प्रेम का फल नहीं थी मैं
किसी की वाटिका का नहीं थी मैं पुष्प।
मैं एक काँटा थी—
किसी की घृणा और प्रतिशोध का काँटा—
द्रोण से अपमान के प्रतिशोध का काँटा।
उसी प्रतिशोध-यज्ञ से प्रकटी
हहराती नीलवर्णी लपट
अपने में लील लेगी जो
केवल द्रोण को ही नहीं, उन सब को
जिन्होंने साथ दिया उनका।
हाँ, समूचा कुरुवंश
इस प्रतिशोध-यज्ञ में आहुति न बन जाय
तब तक दग्ध अन्तस शान्त कैसे हो
मेरे पिता का?
सच कहूँ—
पिता के लिए भी पुत्री नहीं थी मैं
उपकरण थी प्रतिशोध थी केवल!

कैसे पिता थे आप
और कैसा यह प्रतिशोध?
अपनी ही पुत्री को
पाँच की सेज कर देना!
क्या अन्तर था पिता
आप में और कुरुसभा में?
वहाँ भी वस्तु ही थी मैं
—किसी की सम्पदा—

और यहाँ भी वस्तु!
इसलिए मेरे रोम-रोम में
रच गया था स्यात्
यह प्रतिशोध
घृणा कुरुओं से
और जो बढ़ आयी थी
सुन-सुन कर
अपने पतियों पर अत्याचारों की गाथा।
उसी का परिणाम होगा वह
प्रतिशोध का वह बीज
मेरी हँसी से फूटा।
मय दानव का निर्मित वह
माया भवन
जहाँ सूखे में जल दिखता था और
जल में सूखा
भित्तियाँ द्वार-सी लगती थीं
और द्वार भित्तियाँ—
ऐसे में गिर पड़ा सुयोधन तो किम् आश्चर्यम्!
किन्तु हँसी मैं—
अन्धे का बेटा अन्धा ही होगा—
और हँसे सब—स्वयं कृष्ण भी।
वह हँसना निश्चय था मर्यादा का उल्लंघन
प्रतिशोध उसी का था वह
द्यूतयज्ञ
और भरी सभा में मेरा वह
अपमान।

तब से धधकता था हृदय—

धधकता था युद्ध का सपना।
आशंकित था मन
कहीं समझौता नहीं हो जाय
क्या होगा तब मेरी प्रतिज्ञा का?
भीम की शपथ का?
बिना युद्ध के भला कैसे धुल सकेंगे केश?
कैसे फलवती होगी घृणा
बिना कौरव-रक्त?

कौरव-पाँडव युद्ध नहीं वह
था कुरुओं और पाँचालों के बीच।
यह क्या संयोग था केवल–
पाँडव-पक्ष का सेनापति पाँचाल था–
मेरा सहजन्मा धृष्टद्युम्न–
भीष्म के पराभाव का मूल भी
पाँचाल था–शिखंडी भाई मेरा–
यही नियति थी स्यात्–
भीष्म और द्रोण
दोनों महारथियों का पतन
पाँचालों से ही हो!

कैसा भयंकर महायुद्ध था वह!
अठारह अक्षौहिणी सेना!
समस्त जम्बूद्वीप सूना हो गया जैसे
पाँचालों के प्रतिशोध-यज्ञ में
सब स्वाहा हो गये
बचीं केवल विधवाएँ
वृद्ध और बालक।

कितना नृशंस था व्रत वह
मेरे केश धोने का!
पुनः पुनः यह बात कहीं उठती थी मन में
क्या मैं क्षमा नहीं कर सकती थी उनको?
बहुत कठिन है, लेकिन क्षमा बड़ी है
वास्तविक विजय है वह–
युधिष्ठिर जब कहते थे
मैं उनको कायर कहती थी।
'क्षमा धर्म है' कहने वाले
सब कायर होते हैं क्या?
किन्तु धर्म है जीवन यदि
हिंसा अधर्म है।
लेकिन वह अपमान?
भरी सभा में निर्वसना कर देने के
कुत्सित प्रयास वे–
स्मृति उनकी पुनः क्रोध से भर देती–
खुले केश उड़-उड़ कर
आँखों को ढँक लेते।

अन्ततः मेरे हृदय की आग ठण्डी हुई–
किन्तु कितनी दुर्मूल्य, कितनी क्षणिक थी
शान्ति वह।
कुरु ही नहीं, सब पाँचाल भी मिट गये
द्रोण ही नहीं द्रुपद भी
जल गये प्रतिशोध की उस आग में
उनकी लगायी आग
भस्म कर गयी स्वयं उनको भी।

मेरे मन की आग बुझी
लेकिन उसका अंगार सुलगता रहा
किसी के मन में।
द्रोण की मृत्यु छल से हुई
जिसमें सम्मिलित थे युधिष्ठिर भी—
'अश्वत्थामा हतो नरो वा कुंजरो'
—सचमुच अश्वत्थामा का मानव
मर गया उसी दिन
बची प्रतिशोध की चिंघाड़ केवल।

कैसा विचित्र संयोग!
पांडवों का सेनापति पुत्र द्रुपद का
और कौरवों का अन्तिम सेनानी
अश्वत्थामा—आचार्य द्रोण का पुत्र!
क्या इसी तरह नियति होती है व्यंजित?

वह अन्धी कालरात्रि!
सोये हुए मेरे भाई को, पुत्रों को
खा गया अश्वत्थामा का प्रतिशोध—
वह प्राणांतक व्यथा
किन्तु उस घनघोर दुःख में भी
फिर जल उठा प्रतिशोध का अंगार—
अन्नजल नहीं लूँगी मैं
अश्वत्थामा के रहते।
तब मैं नहीं जानती थी—
यह प्रतिशोध सृष्टि को भस्म कर देगा
सहस्रों सूर्यों की अग्नि वाले ब्रह्मास्त्र
परस्पर टकरायेंगे जब।

समूचा अस्तित्व क्रन्दन हो गया जैसे।
अन्ततः अर्जुन ने लौटा लिया ब्रह्मास्त्र
अश्वत्थामा पर लौटा पाया नहीं—
विवश हो छोड़ डाला उत्तरा के गर्भ पर।
और मैं!
क्या कर डाला यह मैंने
कितना प्रलयंकर होता यह प्रतिशोध
समूची सृष्टि जिसमें भस्म हो जाये।
और क्या मिल पाता मुझको
मेरे पुत्र और भाई लौटेंगे नहीं।
वेदना जो भोगी मैंने
उसे मेरे कारण कोई माँ क्यों भोगे
—अश्वत्थामा की माँ भी—
तभी माँ सिद्ध हूँगी मैं।

इसीलिए अश्वत्थामा को क्षमा कर दिया मैंने—
माँ ने।
उसकी मस्तक-मणि छिन गयी लेकिन
माथे पर उभर आया घाव
अविरल बहेगा जो—
दण्ड है यह नियति का या उसका
प्रायश्चित्त
अमर है अश्वत्थामा, अमर है यह घाव उसका।
उत्तरा के गर्भ पर—भावी जीवन पर—
किया है जो नृशंस प्रहार
उसकी पीड़ामय स्मृति
उसी के मस्तक में बस गयी
—अनन्त तक।

हाँ, वेदना तो है मुझे भी, पर क्षमा भी है
इसलिए क्षमा करती हूँ सबको—
—कृष्ण तुम को भी—
जो सब कुछ जान कर भी
खेल करते रहे।
कुरु-पाँचालों का अधिकारी भी
अर्जुन का पौत्र होगा—युधिष्ठिर का नहीं—
सच कहूँ तो कृष्णार्जुन का पौत्र—
तुम्हारे ही भानजे का पुत्र!
पर नहीं अब क्रोध और प्रतिशोध
केवल क्षमा—
जो जलने को गलने में रूपायित करती है
—गल कर बहने में
तृषा बुझाने में, सबको सिंचित करने में।

इसलिए क्षमा देती हूँ सबको
—धर्म तुम्हें भी।
तुम अपने मार्ग पर जाओ
सब अकेले हैं—सब को अपने मार्ग जाना है
यह क्षमा है जो सभी को जोड़ देती है—
अहं से मुक्ति है वह।

इस अनन्त हिमसागर में
गल-गल कर बहता रहे मेरा अहम्
विलय होता रहे करुणा की नदी में
—इसी में सार्थक हूँ मैं।

(2005 ई.)

# बर्बरीक

नहीं, यह नहीं थी गर्वोक्ति
और न हेठी तुम्हारी
तुम्हारा सभासद मैं सूर्यवर्चस
अकेला ही बहुत था
उन सभी दैत्यों के दलन के लिए
स्वयं तुम्हें जिस कारण
लेना पड़ा है अवतार।

इसमें तुम्हारा अपमान कब था, प्रभु?
क्यों हुआ शापित मैं
तुम्हारी सभा से च्युत
दैत्या की कोख से जनमा—
कि पहुँचूँ फिर तुम्हारी ही सभा में
पर तुम्हारे हाथ से मर कर—
तभी मेरा अहम्
क्षय होगा।

पर यह आहत अहम् किसका है

जिसने व्यर्थ यह सब जाल फैलाया?
और आज भी किसका अहम् है कुपित
जिसने बस इसी कारण
मुझ निर्दोष का शिर काट डाला
कि फिर मैं अकेला ही बहुत था
इस अठारह अक्षौहिणी के लिए।

हाँ, जानता हूँ, समझता हूँ मैं
अन्यथा तुम भला इस युद्ध के नायक
                    कहाँ रहते?

x x x

तुम तो सर्वशक्तिमान हो, प्रभु हो
फिर यह कोप क्यों मुझ पर
जान भी लिया अनजाने
तुम्हारा मर्म यदि मैंने—
तुम्हारे ही साथ था मैं तो?

क्या स्वयं की किसी
गोपन विवशता की खीझ है
                    यह क्रोध
जो उतरा है मुझ पर?

किन्तु तुम तो सर्वशक्तिमान हो, प्रभु हो?

x x x

यह कैसी कृपा है, प्रभु?

तुम्हारे कोप ने जो शीश
धड़ से अलग कर डाला—

उसी को सींच कर करुणा में
साक्षी बनाया है
इस युगान्तरकारी समर का
कि मैं देखूँ
प्रलयंकर रक्तप्लावन, भयंकर संहार
और जानूँ, बताऊँ सब को
कि तुम, हाँ केवल तुम ही
कर्ता हो
और हम सभी कठपुतलियाँ!

यह मुझ पर कृपा है
या तुम्हारी नियति की कोई विडम्बना—
प्रभुता को तुम्हारी
मेरे साक्ष्य की दरकार है!

x x x

हाँ, मैंने देखा है सारा युद्ध
अथ से अन्त तक
पहचानता हूँ उसे
जो नायक है इसका।

कम नहीं थी सेना
पूरी अठारह अक्षौहिणी—
जम्बूद्वीप के सब वीर इसमें लड़े थे।
सभी थे—भीष्म, अर्जुन, द्रोण,
कृप, कर्ण, दुर्योधन, दुःशासन
अश्वत्थामा, भीम, भगदत्त, शल्य
सात्यकि आदि सब
—हाँ और अभिमन्यु!

बड़े-बड़े सूरमा, रथी, अतिरथी, महारथी
सभी तो लड़े थे अति विकटता से
—दृश्य-पट पर लड़ती है जिस तरह
छायाएँ पुतलियों की।
सच है, हाँ
कठपुतलियाँ थे सब
जिनकी डोर थामे व्योम में
वह दिख रहा था मुझे
चतुर्भुज एक बाजीगर
अपने खेल से सन्तुष्ट
—वह भयंकर युद्ध उसको खेल ही तो था।

कितना क्रूर यह सन्तोष, कितना क्षुद्र!
तुम क्या जानते हो, अरे बाजीगर
तुम्हारी भी डोर जिसके हाथ में है
उस अहम् को
—हाँ भ्रम न पालो
वही तो इस समर का असल नायक है!

इस डोर से निर्बन्ध हो पाओ
—यही है प्रार्थना मेरी।

(1983-84 ई.)

❑❑